Découverte Benjamin

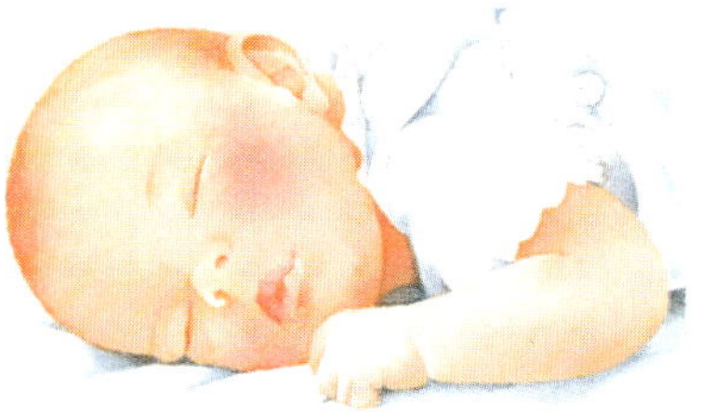

Écrit par Viviane Abel Prot
et le docteur Philippe Delorme
Illustré par Rozier Gaudriault

Conseil éditorial :
Daniel Raichvarg,
professeur d'École Normale.

Conseil pédagogique :
Équipe du bureau de l'Association Générale
des Instituteurs et Institutrices des Écoles
et Classes Maternelles Publiques.

ISBN 2-07-055853-3

Dépôt légal : janvier 2004. Numéro d'édition 127832
Loi n°49-956 du 16 juillet 1949 sur les publications destinées à la jeunesse.

Imprimé en Italie par Editoriale Lloyd

L'histoire de la Naissance

GALLIMARD JEUNESSE

Chaque année, on fête le jour de ta naissance : **c'est ton anniversaire !** Les bébés, qu'ils soient jaunes, noirs, blancs ou rouges, naissent de la même manière : du ventre de leur maman.

Mais ils sont tous différents les uns des autres : chaque enfant est unique.

Dans le monde, il naît 250 bébés chaque minute. Tous les enfants viennent d'un papa et d'une maman, et les parents, eux aussi, ont été dans le ventre de leur mère. Comme nous, les animaux ont besoin d'un papa et d'une maman. Connais-tu les noms de tous les bébés animaux que tu peux voir sur cette image ?

La coccinelle pond
aussi des œufs.

Comment naissent les animaux ?
Pas tous de la même manière.
Certains éclosent d'un œuf
que leur mère a pondu.
L'œuf contient une réserve
de nourriture qui permet au petit
de se développer dans la coquille.
Tous les oiseaux pondent des œufs.
Leurs œufs ont des formes
et des tailles différentes suivant
les espèces. Leur couleur varie aussi :
blanche, beige, marron, ou même
verte ou bleue !
Les œufs de la coccinelle et
des autres insectes sont tout petits,
très nombreux, et fragiles. Beaucoup
sont détruits avant leur éclosion.
La tortue, comme la plupart
des reptiles, pond
aussi des œufs.

Une petite tortue sort de son œuf.
Sa mère, une fois ses œufs pondus,
s'en va et ne s'en occupe pas.

Chez d'autres animaux, le petit se forme à l'intérieur du ventre de la femelle, comme chez les humains à l'intérieur du ventre de la maman.

Le petit dauphin naît la queue la première.

Tu as sûrement déjà vu des petits chiens ou chats qui tètent leur mère : tous ceux qui sont nourris au début de leur vie par le lait de leur mère font partie comme toi du grand groupe des **mammifères.** La plupart d'entre eux vivent sur terre. Certains vivent dans l'eau comme la baleine, d'autres dans les airs comme la chauve-souris. Regarde ce petit poulain qui, à peine sorti du ventre de la jument, se dresse sur ses pattes !

Quand un homme et une femme s’aiment, ils sont heureux d’être tous les deux, de se promener, de parler, de s’embrasser, de faire des projets. Ils ont envie de vivre ensemble et d’avoir un ou plusieurs enfants.

On dit souvent que le papa met une graine dans le ventre de la maman. En fait, le papa donne un spermatozoïde, et la maman un ovule : cela devient un bébé.

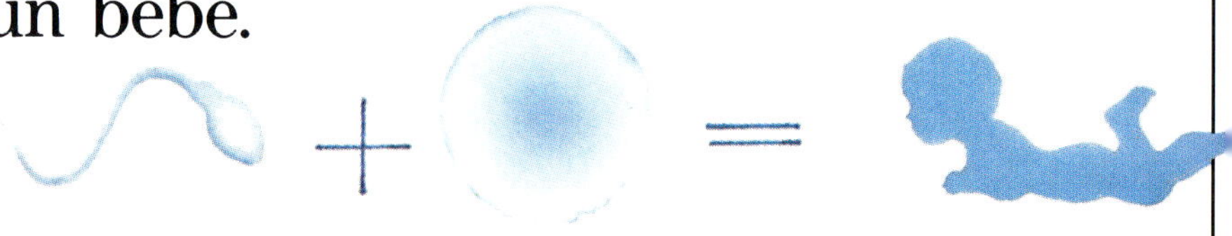

Voici comment tu as commencé d'exister.

C'est lorsque les parents font l'amour qu'ils peuvent avoir un bébé : le sexe de l'homme entre dans celui de la femme et y dépose un liquide, le sperme. Le sperme contient des millions de spermatozoïdes, mais

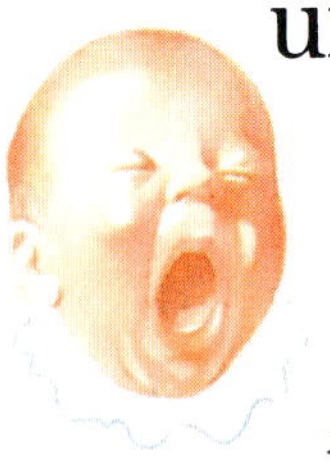

un seul d'entre eux rencontre l'ovule dans le ventre de la femme. Puis l'œuf se forme, et c'est le premier jour de la vie du futur bébé !

Est-ce une fille ou un garçon ? Le hasard l'a décidé, mais nous ne le savons pas encore !

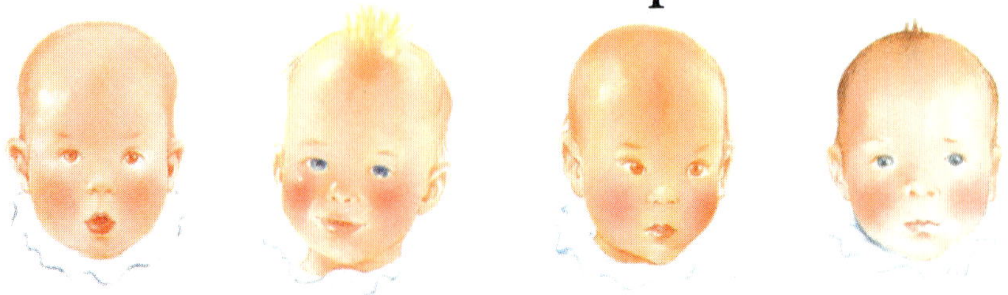

L'œuf a besoin de neuf mois pour se développer dans l'utérus, un muscle très souple dans le ventre de la maman, qui gonfle au fur et à mesure que le bébé grandit.
Ces neuf mois s'appellent la grossesse. Dans l'utérus, le futur bébé, le fœtus, est entouré par une poche pleine d'eau complètement fermée. Il est relié par un cordon, le cordon ombilical, au placenta, une sorte d'éponge, qui est aussi relié à la maman.
Grâce au placenta la maman nourrit le fœtus.
C'est à travers lui que passent l'eau, l'air et la nourriture dont le fœtus a besoin.
Ce dont il n'a plus besoin, il le renvoie aussi par le placenta.

A un mois, l'œuf est petit comme une lentille. Le cœur commence à battre.

Comment se développe le fœtus dans le ventre de sa maman ?

A 2 mois, le fœtus est déjà gros comme une noix ! Ses yeux et ses oreilles apparaissent. Les doigts des pieds et des mains se forment.

A **3 mois,** il ressemble à un bébé en miniature.

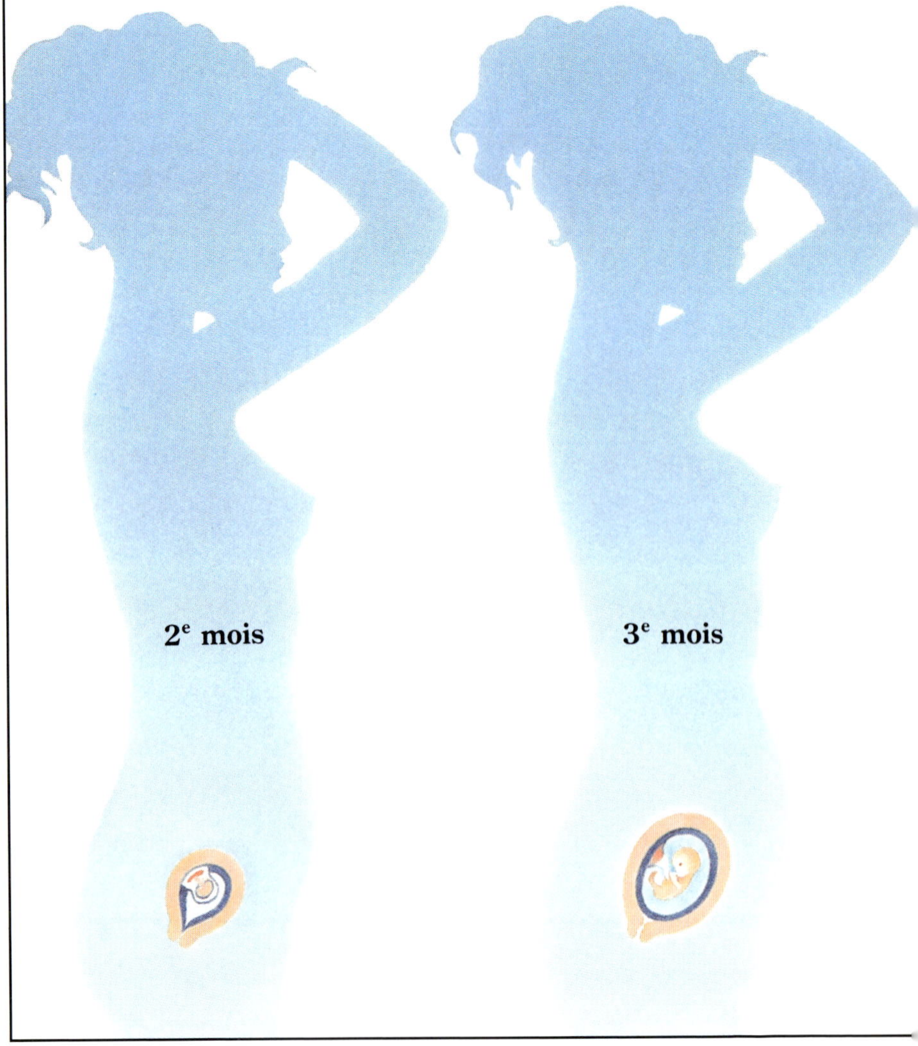

A **<u>4 mois,</u>** il a la taille de cette page !
Il bouge la tête, les bras, les jambes.
Il ouvre la bouche et avale le liquide qui l'entoure.
A **<u>5 mois,</u>** la maman sent bien les mouvements du bébé.
Des cheveux poussent sur sa tête.
Il suce son pouce.

Le fœtus (1), le placenta (2) et la poche des eaux (3) se trouvent dans l'utérus (4).

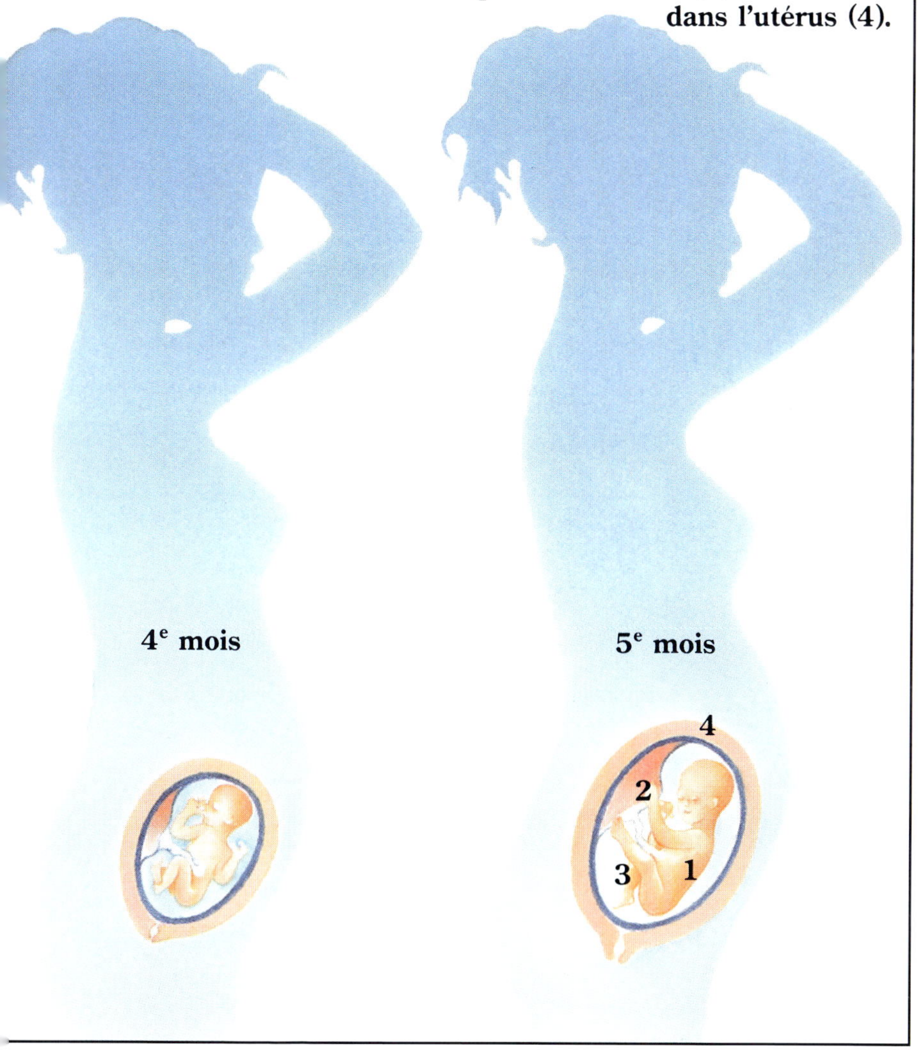

A **6 mois,** le fœtus pèse un kilo. Quand il boit trop, il a le hoquet, et sa maman le sent ! Il fait pipi. Ses ongles poussent. A **7 mois,** il ouvre les yeux. Il est bien habitué aux bruits du ventre de sa maman, aux battements de son cœur, à sa voix.

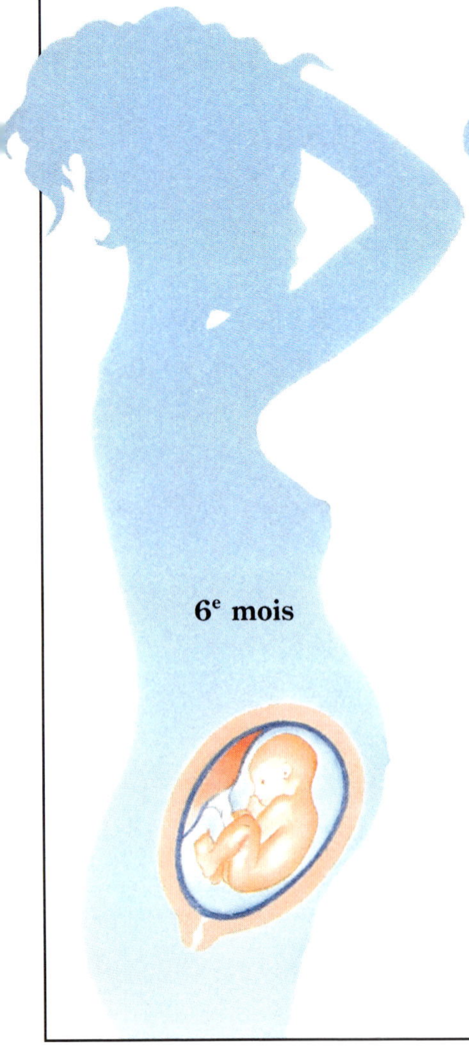

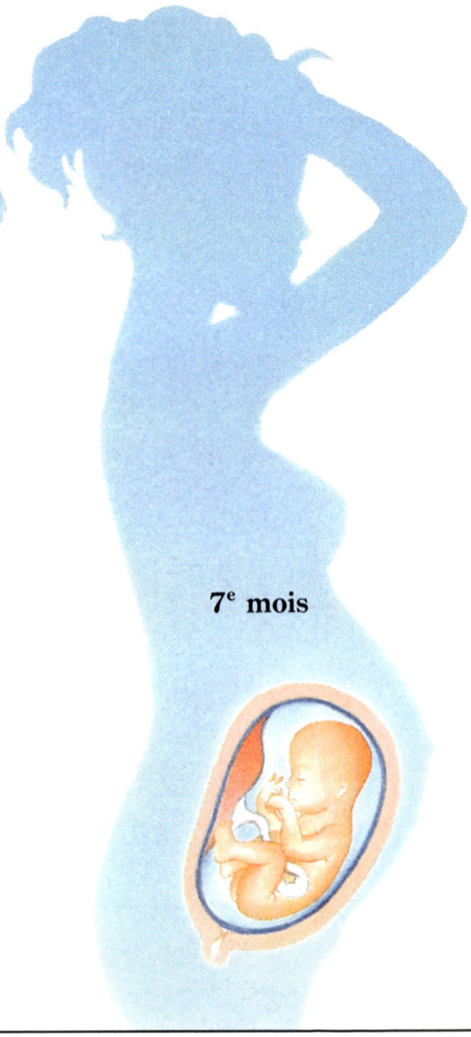

A **8 mois,** il a tant grossi qu'il ne peut plus faire de galipettes ! A **9 mois,** il pèse environ trois kilos. Tête en bas, il est prêt à sortir !
Une maman qui attend un bébé se fatigue plus facilement, avant même que son ventre ne grossisse.

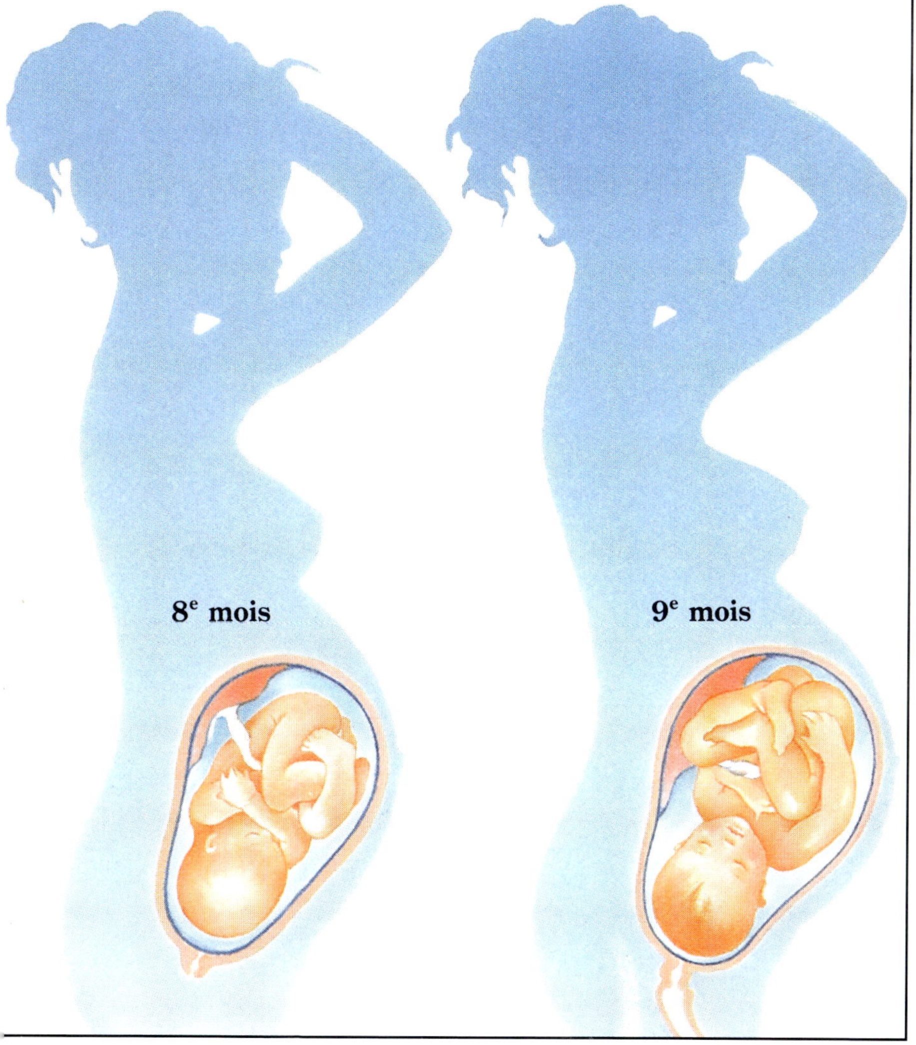

Un moment qu'on n'oublie pas !

La maman sait qu'elle va bientôt accoucher quand elle sent dans son ventre des crampes douloureuses : celles-ci poussent le bébé vers l'ouverture de l'utérus. La tête du bébé sort la première, par le sexe de la mère. Puis, tout le corps suit. C'est merveilleux, un bébé est né ! Le docteur ou la sage-femme le posent doucement sur le ventre de la maman...

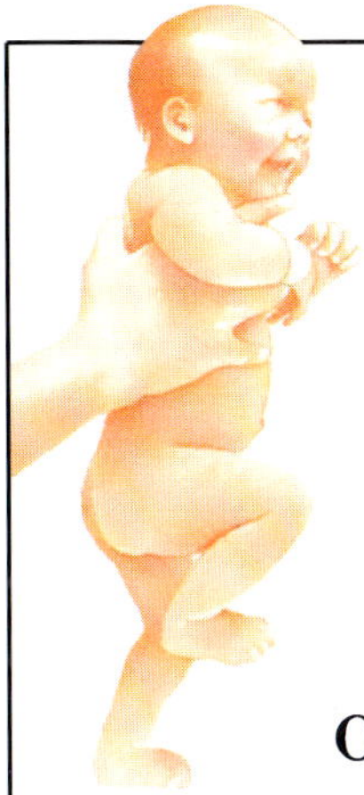

Quel bouleversement !
Le bébé a quitté son nid liquide et découvre l'air et la lumière. Il pousse un cri et prend sa première respiration. Le cordon ombilical ne sert plus à rien : on le coupe mais cela ne fait pas mal. Maintenu debout, le bébé lève déjà les pieds comme pour marcher.

On attache au poignet de la maman et du bébé un bracelet avec le même numéro pour ne pas se tromper ! Parfois, il y a deux bébés dans le ventre de la maman. Ils naissent juste l'un après l'autre : ce sont des jumeaux. Cela n'arrive pas souvent. C'est encore plus rare s'il y a trois bébés : des triplés, ou quatre : des quadruplés !

Le bébé qui vient de naître est tout petit, et pourtant il prend déjà une très grande place dans la vie de ses parents ! Dès qu'il est né, ils lui donnent un ou plusieurs prénoms.

Connais-tu tous tes prénoms ?

Sais-tu pourquoi tes parents t'ont appelé ainsi ?

En Thaïlande, le bébé ne reçoit son prénom qu'à un mois ! Avant, ses parents l'appellent Nou, ce qui veut dire petite souris. Ensuite, ils lui donnent un prénom qui rappelle le jour de sa naissance. Au Cachemire, les enfants ne reçoivent un prénom qu'à quatre ou cinq ans !

Dans certains pays, à l'occasion d'une naissance, de merveilleux pains très décorés comme celui-ci sont fabriqués. Parfois, la forme du pain rappelle celle du placenta grâce auquel le fœtus se nourrissait avant sa naissance ! Le placenta peut garder son importance même après l'accouchement. En Afrique, des tribus l'enterrent au pied d'un arbre. D'autres gardent le cordon ombilical et en font un bracelet ou un jouet pour les enfants.

Ce bananier a été planté le jour de la naissance du petit garçon, au-dessus de son placenta : l'arbre lui appartient désormais pour toute sa vie !

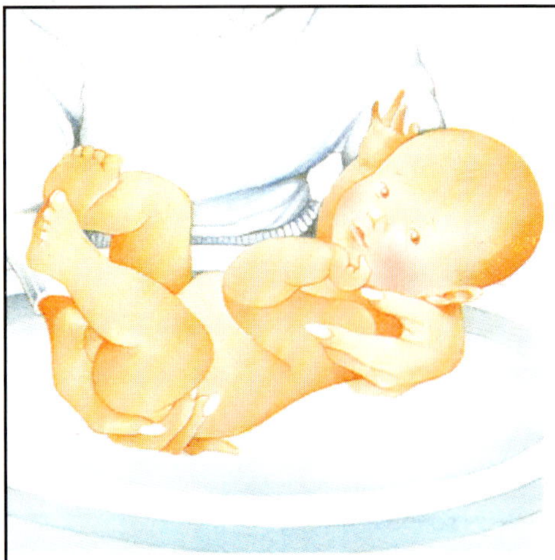

Le bébé aime l’heure du bain...

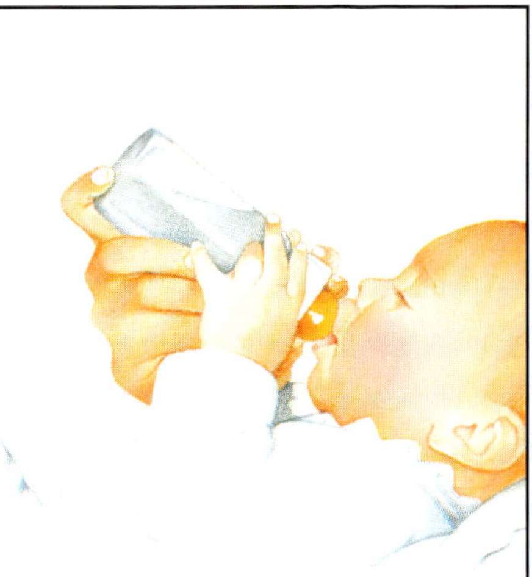

et le lait de son biberon.

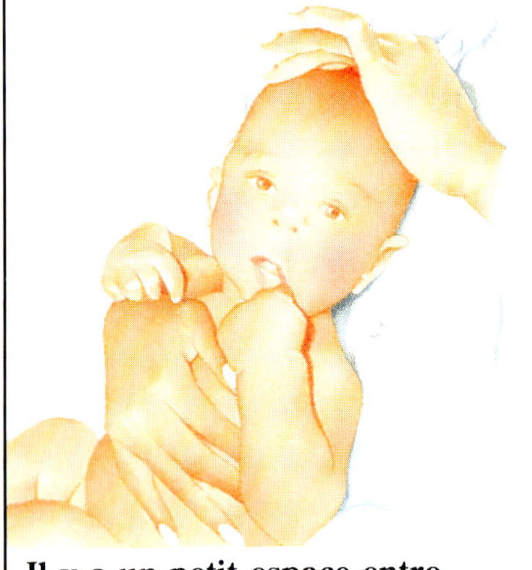

Il y a un petit espace entre
les os du crâne : la fontanelle.

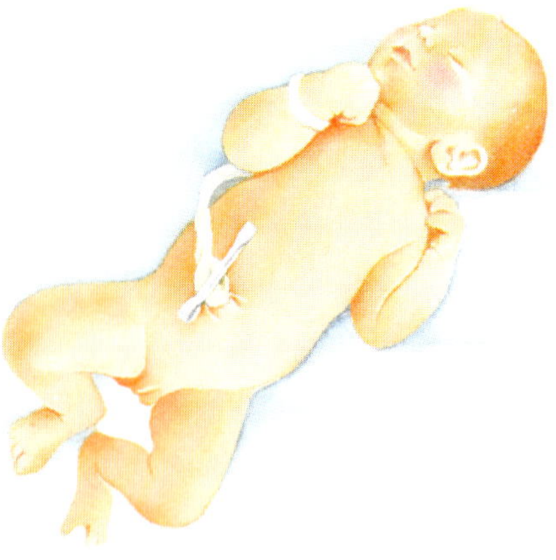

Son cordon ombilical
va bientôt tomber.

Il voit mieux ce qui est tout près.

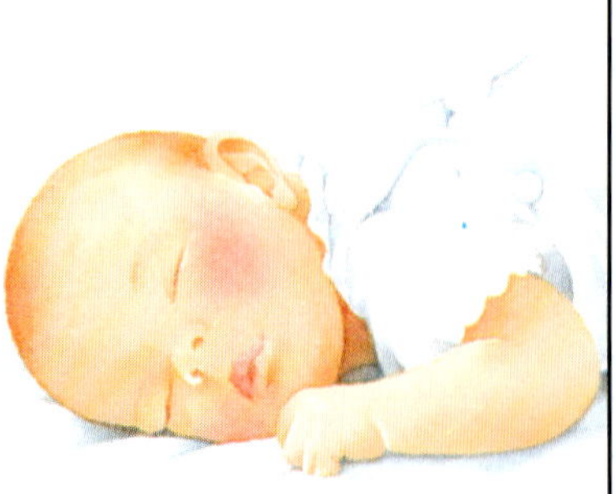

Il dort presque tout le temps.

Les premiers jours du bébé !

Le bébé a très souvent faim, jour et nuit, car, avant la naissance, il était nourri tout le temps par le cordon. Il pleure pour le faire savoir ! Il aime le contact chaud et rassurant de sa mère ou de son père, il a besoin de leur amour et de leurs caresses. Il reconnaît leur voix et leur odeur. Mais il déteste les mouvements brusques qui le font sursauter !

Au bout de quelques jours, le reste du cordon ombilical tombe en laissant une petite cicatrice : le nombril !

Le bébé ne voit pas encore bien : il distingue les formes et surtout les objets qui sont dans la lumière.

Le bébé sait tout de suite téter le sein de sa mère pour boire son lait.

Comment les bébés d'autrefois étaient-ils habillés ?

Bébé romain

Ils étaient tout emmaillotés : une large bande les entourait des pieds jusqu'au cou et ils ne pouvaient bouger ni bras ni jambes ! On pensait qu'ils grandissaient ainsi plus droits. Ils étaient plus sages...

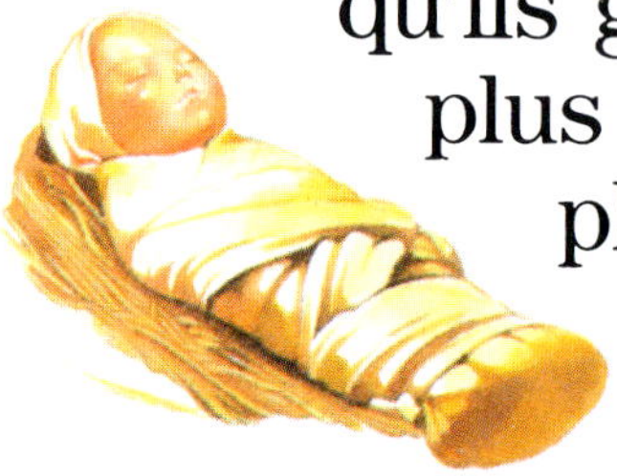

Nouveau-né au XVIIe siècle

Quand une maman ne pouvait pas nourrir son enfant, elle le confiait à une nourrice qui lui donnait son lait. Les premiers biberons datent du XVIIIe siècle : c'étaient des cornes percées remplies de lait de vache !

Enfants au XIXe siècle

Bébé vers 1900

Vers 1850, les bébés purent enfin gigoter dans des robes larges qui ne gênaient pas leurs mouvements !

Le hamac a été inventé par les Indiens d'Amérique du Sud.

Dans les pays chauds, les bébés n'ont pas besoin de beaucoup de vêtements. **Où dorment-ils ?** En Amazonie, ils dorment dans des hamacs suspendus au-dessus du sol.

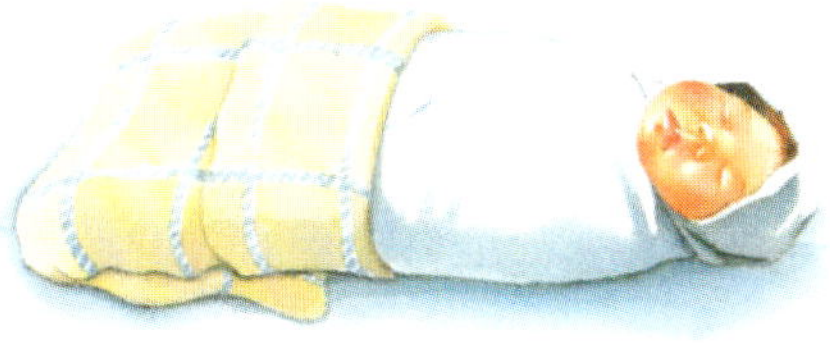

En Mongolie, le bébé dort sur les tapis de la grande tente familiale.

Aujourd'hui comme autrefois, les bébés de chez nous dorment dans des berceaux qui roulent ou se balancent. Au Japon, les parents qui travaillent aux champs emmènent leurs bébés dans ce drôle de panier !

Comment porter son bébé ?

Japon

Papouasie

Laos

Afrique

Chaque maman du monde a sa façon !

Groenland

Amazonie

Europe

Pérou

Les animaux eux aussi ont bien des manières de promener leurs petits !

Laquelle préfères-tu ?
Celle de l'éléphant (1),
du kangourou (2), du crocodile (3),
du koala (4), du macaque (5),
de la lionne (6), du castor (7),
du grèbe (8), du cygne (9)
ou du pangolin (10) ?

Toutes les transformations qui se passent dans la nature, et non dans le corps de la mère ou dans l'œuf, s'appellent des métamorphoses.

Comment naît un papillon :

L'œuf du papillon (1) devient une chenille (2), qui se transforme en nymphe dans un cocon (3). Un jour, le cocon éclate : c'est l'envol d'un papillon (4) !

Comment un têtard devient-il grenouille ?

La grenouille pond des œufs (1) qui donnent naissance à des larves appelées têtards (2). Le têtard vit dans l'eau. Petit à petit, il se transforme en grenouille : les pattes de derrière poussent (3), puis celles de devant. Il perd sa queue (4) et respire hors de l'eau.

arc

arc allongé

spirale

boucle

cercle

Dès qu'un bébé est né, on se demande à qui il ressemble... A qui ressembles-tu ? Peut-être as-tu les yeux de ton père ou les cheveux de ta mère, ou es-tu gaucher comme ton grand-père ?

Fais une enquête dans ta famille et note les ressemblances ! Tu peux comparer les cheveux, les oreilles, les yeux... Attention, il peut y avoir plusieurs couleurs dans un même œil ! Observe aussi les empreintes digitales : elles sont toutes différentes, mais chacune peut se rapprocher d'un de ces dessins.

Pour prendre ton empreinte, noircis bien une feuille de papier avec un crayon tendre, frotte l'index dessus. Puis applique un morceau de papier collant sur ton doigt. Enlève-le et colle-le sur du papier blanc. Tu verras à quel dessin ressemble ton empreinte !

Regarde les yeux et les oreilles.

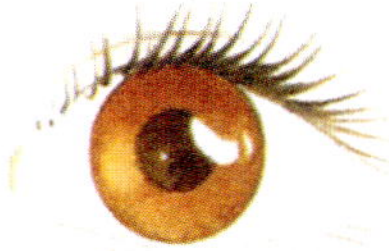

Yeux bruns

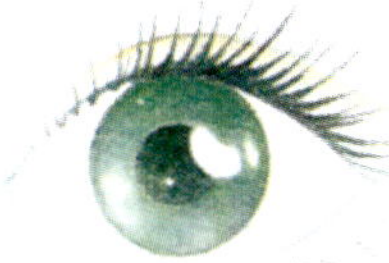

Yeux verts

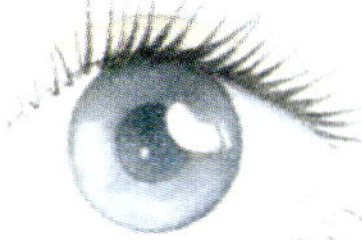

Yeux gris

Yeux bleus

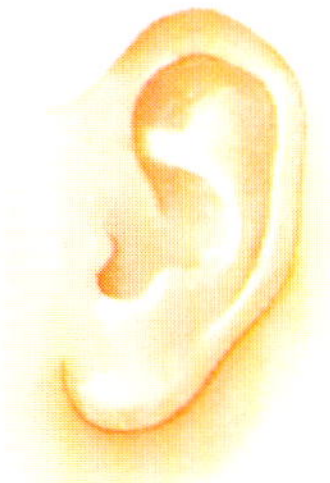

Les oreilles ont-elles le lobe attaché ou non ?

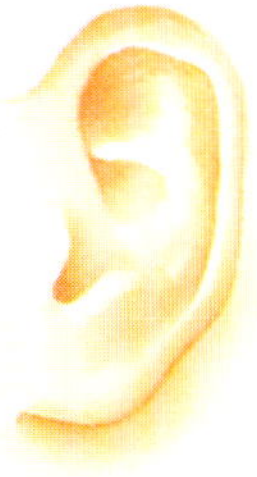

Qui peut rouler sa langue ?

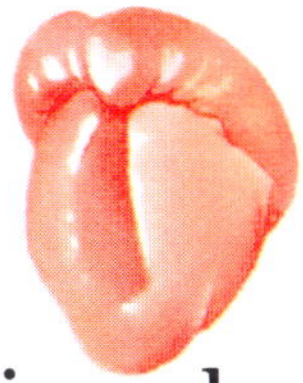

Qui ne le peut pas ?

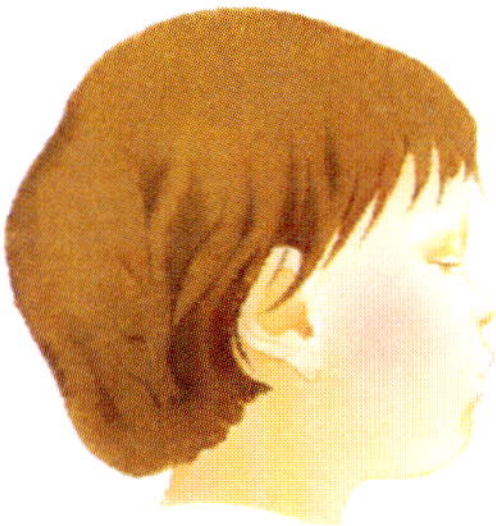

roux

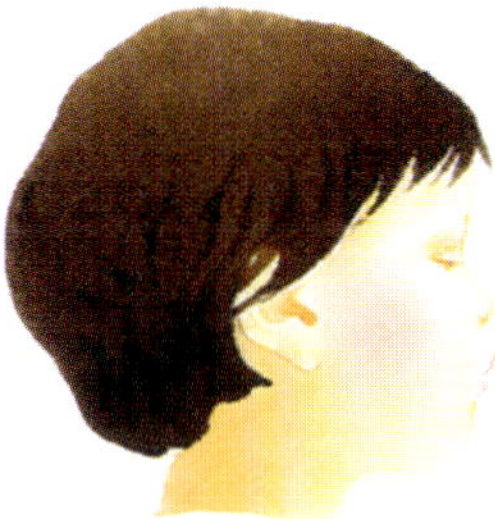

châtain

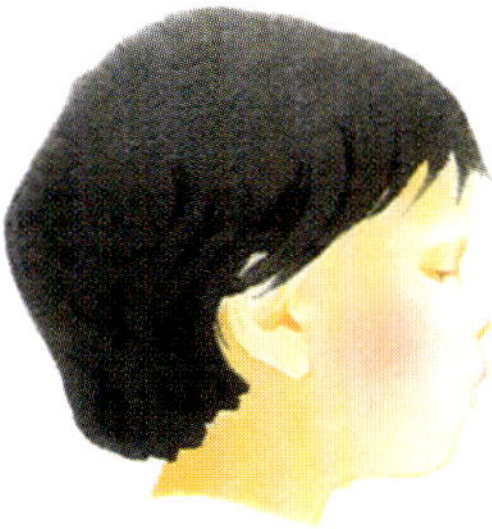

noir

châtain clair

blond doré

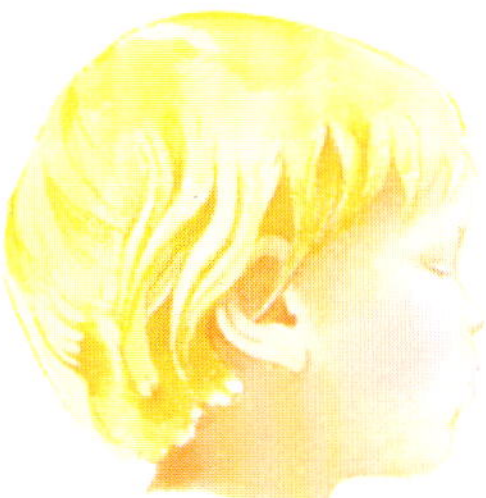

blond pâle

Quand les mamans
N'ont pas le temps
De bercer leurs petits enfants,

Monsieur le Vent
Vient doucement
Faire danser les berceaux blancs.

Dès qu'une abeille,
Bleue de soleil,
Devant un berceau s'émerveille,

Le vent qui veille
Chasse l'abeille
Vers le royaume des groseilles.

Quand les mamans
Prennent le temps
De bercer leurs petits enfants,

Monsieur le Vent
Part doucement
Faire danser les fleurs des champs.

Pierre Coran
Le livre d'or de la chanson enfantine
Simone Charpentreau
Éditions Ouvrières 1976

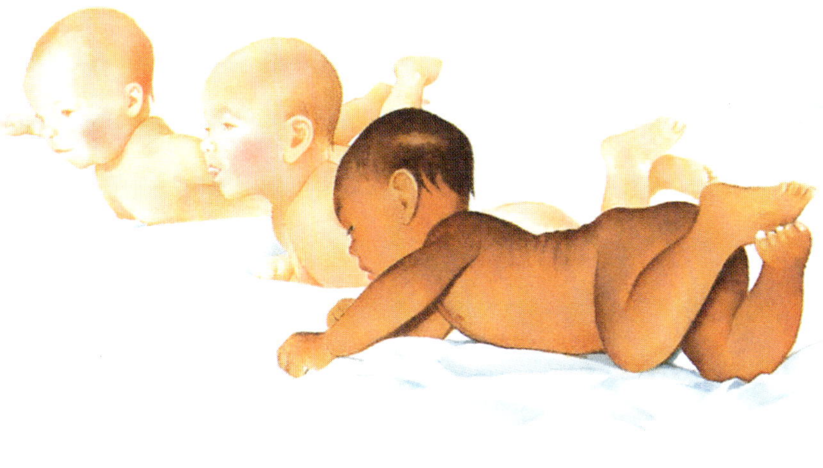

Déjà parus

1. Comment vivent les animaux en hiver ?
2. Les baleines et autres mammifères marins
3. Sur les bords du Nil, au temps des pharaons
4. À l'abri des châteaux-forts
5. Le riz : ce grain si petit qui nourrit le monde
6. Étranges animaux de la préhistoire
7. Le lait pour tous les petits
8. L'histoire de la feuille de papier
9. Loup, qui es-tu ?
10. Le chocolat, le thé et le café
11. L'histoire de la naissance
12. Le pain de ma tartine

Découverte Benjamin